MW01147205

Este libro se le presenta a:

_____

Fecha:

_____

En la ocasión especial de:

_____

Yo quiero ser como Jesús

LIBRO DE HISTORIAS BÍBLICAS

CREADO POR
Stephen Elkins

Unilit

Publicado por
Unilit
Medley, FL 33166

Diseño de cubierta: *Ed J Brown / Creative Market & Ruth Zeglin*
Imágenes de Vector: *Olga Zakharova / Creative Market*
Imágenes del interior: *Simon Taylor-Kielty, Ruth Zeglin, Mark Jones*
Traducción: *Nancy Pineda*

Producto: 494630
ISBN: 0-7899-2397-1/ 978-0-7899 2397-4

Categoría: Niños / Libros de historias bíblicas
Category: Children / Bible Story Book

Impreso en China
Printed in China

Contenido

Los que dicen que viven
en Dios deben vivir
como Jesús vivió.

1 Juan 2:6

Queridos padres y abuelos:

La capacidad de tomar buenas decisiones comienza con un buen CARÁCTER. En este libro, hemos identificado cuarenta rasgos del carácter que demostró Jesús y que les pueden enseñar a su hijo o nieto.

No hay mejor lugar para comenzar un estudio del carácter que con la vida de Jesús. Cuando se aplica a la vida diaria, podemos caminar como caminó Jesús... ¡vivir como vivió Jesús! ¿Cuáles son algunos ejemplos de estos rasgos de carácter? Jesús fue generoso, servicial, bueno, humilde, trabajador, gozoso, amable, obediente, paciente, persistente, respetuoso, responsable y veraz... solo por mencionar algunos.

Cada historia en este libro comienza con JESÚS EN LA BIBLIA. Esta sección resalta un rasgo de carácter particular de Jesús. Cuenta una historia bíblica clásica de una manera DIVERTIDA que demuestra el carácter de Jesús. Le sigue la sección JESÚS EN MÍ, que aplica ese rasgo de carácter a la vida de todos los días, ¡porque queremos ser COMO JESÚS!

El desarrollo de un buen carácter en los niños es progresivo. Así que cerramos cada historia con una oración pidiéndole a Dios que ayude a los niños de nuestras vidas a cultivar un mayor amor por los demás... mayor paciencia o bondad... un mayor nivel del rasgo de carácter presentado. A tu hijo le encantará el estilo conversacional de las historias. Son FÁCILES DE LEER y ENTENDER. Pon en marcha a tu hijo en un viaje hacia un carácter PARA TODA LA VIDA que sea... ¡COMO EL DE JESÚS!

Stephen Elkins

Jesús fue
dependiente

El Hijo no puede hacer nada por su propia cuenta;
solo hace lo que ve que el Padre hace. Todo lo
que hace el Padre, también lo hace el Hijo.

JUAN 5:19

¡Todos aman a los superhéroes! Jesús fue el superhéroe más grande de todos. Él se puso en acción para sanar a las personas enfermas, calmar las tormentas y caminar sobre el agua.

Sin embargo, Él no realizó milagros emocionantes por su cuenta. ¡Solo hizo lo que vio que su Padre hacía en el cielo! Jesús nos mostró el buen camino para vivir. ¡Debemos depender de la sabiduría y del poder de Dios!

¿Alguna vez has montado en un avión? Es probable que no puedas ver al piloto que vuela el avión. A pesar de eso, aun así puedes escuchar la voz del piloto. De la misma manera, no puedes ver a Dios. En cambio, puedes DEPENDER de Él para que te guíe. ¡Su Palabra es verdad!

Oración
por el día de hoy

Señor, ¡quiero ser tu pequeño superhéroe! Ayúdame a depender de TU sabiduría y poder, no de mi propia fuerza.

Para ser como Jesús...

SERÉ DEPENDIENTE
DE DIOS.

Jesús fue
agradecido

Jesús tomó los cinco panes y los dos pescados,
miró al cielo y dio gracias a Dios. Después partió
los panes, y los dio a los discípulos para que los
repartieran entre toda la gente.

MARCOS 6:41, TLA

¡Hablemos de «comida rápida»! Una multitud hambrienta de cinco mil personas esperaba para comer. ¡Pero Jesús solo tenía cinco panes y dos pescados!

Jesús tomó los alimentos, los levantó al cielo y le dio las gracias a su Padre celestial. Entonces, ¡ocurrió un milagro! Esos POCOS alimentos se convirtieron en MUCHOS... ¡y rápido! ¡Todos comieron lo que quisieron!

Tu mamá y tu papá te han enseñado a decir gracias cuando las personas hacen cosas buenas por ti. Decir gracias muestra que aprecias lo que hicieron. ¡Por eso debes darle gracias a Dios todos los días por todas las cosas buenas que Él ha hecho!

Oración
por el día de hoy

Señor, enséñame a
ser AGRADECIDO
por todo lo que
haces por mí.

Para ser como Jesús...

SERÉ AGRADECIDO.

Jesús fue
responsable

Si son fieles en las cosas pequeñas,
serán fieles en las grandes.

LUCAS 16:10

¡«Responsable» es una gran palabra! Significa que haces lo que te piden. Jesús nos dijo que los trabajos pequeños, si se hacen bien, conducirán a otros más importantes.

Dios le encargó a Jesús un GRAN trabajo para hacer. Él nos enseñó acerca de Dios y perdonó nuestros pecados en la cruz. Jesús hizo todo lo que le pidió su Padre celestial. ¡Eso es ser responsable!

JESÚS EN MÍ

Ser RESPONSABLE significa que haces lo que te piden. Cuando terminas el trabajo, estás listo para mostrarles a los demás tu buen trabajo. Y al igual que Jesús, oirás a Dios decir: «¡Bien hecho!».

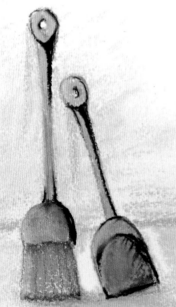

Oración
por el día de hoy

Señor, ayúdame a
ser responsable y
a hacer lo que me
pidas. ¡Quiero que
mi vida te agrade!

Para ser como Jesús...

SERÉ RESPONSABLE.

Jesús fue lleno del Espíritu

Después del bautismo, [Jesús] vio al Espíritu de Dios que descendía sobre él como una paloma.

MATEO 3:16

Jesús fue perfecto. Entonces, ¿por qué vino para que lo bautizaran? ¡Él no tenía que lavarse de pecados! Cuando Jesús salió del agua, el Espíritu Santo de Dios llenó su corazón.

¡Era hora de comenzar su misión! Jesús vino a enseñarnos acerca de Dios y a perdonar nuestros pecados. ¡El Espíritu Santo le dio a Jesús el poder para hacerlo!

Cuando le pedimos a Jesús que perdone nuestros pecados, le damos a Dios el control de nuestras vidas. Entonces, Él nos llena de su Espíritu Santo. Cuando estamos llenos del Espíritu Santo de Dios, su amor controla nuestras acciones. ¡Ahora podemos ser como Jesús!

Oración
por el día de hoy

Señor, ¡quiero ser
LLENO DEL ESPÍRITU!
Te pido que me des
más y más de tu
Espíritu cada día.

Para ser como Jesús...

SERÉ LLENO DEL ESPÍRITU.

Jesús fue
desinteresado

[Jesús le] dijo a la multitud: «Si alguno de ustedes quiere
ser mi seguidor, tiene que abandonar su manera egoísta
de vivir, tomar su cruz cada día y seguirme».

LUCAS 9:23

Jesús nos dijo lo que debemos hacer para seguirlo. Primero, deja de ser egoísta. ¡Sé DESINTERESADO en su lugar! Piensa en las necesidades de los demás antes que en las tuyas.

En segundo lugar, renuncia a lo que sea que te impida servir a Jesús. Entonces, deja que Jesús sea tu líder. El mundo que nos rodea dice: «Haz lo que TÚ quieras hacer». Pero Jesús dice: «¡Haz lo que DIOS quiere que hagas!».

Si queremos seguir a Jesús, debemos cambiar nuestra dirección. Dejemos de ser egoístas y comencemos a servir a Jesús. ¡Ese es el camino al cielo!

Oración
por el día de hoy

Señor, quiero ser
DESINTERESADO,
como tú. Ayúdame a
seguirte... ¡cada día
y de cada manera!

Para ser como Jesús...

SERÉ DESINTERESADO.

Jesús cuidaba de otros

[Jesús dijo:]
«Yo soy el buen pastor [...]
Así que sacrifico mi vida por las ovejas ».

JUAN 10:14-15

JESÚS EN LA BIBLIA

¡Detenerse! Eso era lo que hacía Jesús cuando veía a alguien necesitado. ¡Se preocupaba demasiado para solo pasar de largo! Él quería ayudar. Jesús era como un pastor bondadoso que cuidaba a sus ovejas.

Incluso hoy, Jesús cuida bien de nosotros. ¡Somos sus ovejas! Jesús nos mostró que «cuidar» es una palabra de acción. ¡Él es el Buen Pastor!

Jesús nos mostró cómo cuidar, al igual que un pastor se preocupa por sus ovejas. Y Jesús nos dio una maravillosa razón para el cuidado. Dijo que cuidar de los demás es como cuidar de Él. Entonces, cuando compartes tu almuerzo o visitas a un amigo enfermo, ¡es como si lo estuvieras haciendo por Jesús mismo! ¡Increíble!

Oración
por el día de hoy

Señor, ayúdame a ser como tú, y a dedicar tiempo para CUIDAR de otros. ¡Gracias por ser mi Buen Pastor!

Para ser como Jesús...

CUIDARÉ DE OTROS.

Jesús fue
humilde

[Jesús] se humilló a sí mismo en obediencia a Dios.

FILIPENSES 2:8

Aunque Jesús era el Rey de reyes, se humilló a sí mismo y se hizo un siervo. Sirvió a Dios y sirvió a las personas. ¿Por qué? Porque Él eligió obedecer a su Padre, Dios.

Dios le pidió a Jesús que muriera en una cruz para que nosotros pudiéramos ser salvos. ¡Jesús no tenía que hacerlo! Pero Él quería agradar a Dios más que a sí mismo. ¡Eso es ser humilde!

JESÚS EN MÍ

¿**Q**ué significa HUMILLARNOS a nosotros mismos? Significa que elegimos hacer las cosas a la manera de Dios. Hacer las cosas a NUESTRA manera parece bueno. Sin embargo, el camino de Dios siempre es el mejor. Entonces, ¡escojamos servir y obedecer al Rey de reyes! Esta podría ser una lección difícil, ¡pero vale la pena!

Oración
por el día de hoy

Señor, ayúdame a ser
un siervo humilde.
Ayúdame a hacer las
cosas a TU manera.
¡Yo quiero agradarte!

Para ser como Jesús...

SERÉ HUMILDE.

Jesús mostró
amor

Tal como yo los he amado, ustedes deben amarse unos a otros.

JUAN 13:34-35

Jesús no SOLO dijo que debemos amarnos los unos a los otros. ¡Dijo que debemos amarnos los unos a los otros de la misma manera que nos amaba Él! ¿Cómo Jesús nos mostró su amor?

Al morir en la cruz para perdonar nuestros pecados. Jesús nos mostró que el amor no solo te llena de sentimientos cariñosos. ¡Es cuando elegimos poner la necesidad de otra persona antes que la nuestra!

«¡Cristo me ama, bien lo sé!».
Dilo de nuevo. Excepto esta vez,
grita «ME AMA» y señala tu pecho.
¿Listo? «¡Cristo ME AMA, bien lo
sé!». Eso fue divertido. ¡Y es verdad!
¿Quieres ser como Jesús? ¡Elige
mostrarles AMOR a los demás!

Oración
por el día de hoy

Señor, muéstrame
cómo amar a
otros, incluso a
quienes son poco
amables conmigo.

Para ser como Jesús...

MOSTRARÉ AMOR.

Jesús fue
confiable

Jesucristo es el mismo ayer, hoy y siempre.

HEBREOS 13:8

JESÚS EN LA BIBLIA

¿Perfecto? Sí, ¡Jesús es perfecto! ¡Por eso es que Jesús es perfectamente confiable! Él siempre hizo con exactitud lo que prometía. Jesús les dijo a sus ayudantes que moriría en una cruz.

Sin embargo, Él prometió que volvería a la vida. ¿Podrían ellos confiar en Jesús? ¡Sí! Tres días después, sus ayudantes visitaron su tumba. ¡Estaba vacía! ¡Jesús estaba vivo!

Para ser como Jesús, ¡aprende a ser CONFIABLE! Si dices que estarás en algún lugar a las ocho en punto, ¡llega a tiempo! Si prometes darle de comer a tu perro, hazlo todos los días. Las personas confiables siempre hacen lo que dicen que harán, ¡al igual que Jesús!

Oración
por el día de hoy

Señor, ayúdame
a ser una persona
de la que puedan
confiar los demás.
¡Ayúdame a hacer lo
que digo que haré!

Para ser como Jesús...

SERÉ CONFIABLE.

Jesús fue

persistente

Sigan pidiendo y recibirán lo que piden;
sigan buscando y encontrarán; sigan
llamando, y la puerta se les abrirá.

LUCAS 11:9

¡**N**unca te des por vencido con Dios! Esa es la lección que enseñó Jesús. Él dijo:

«No solo le pidas a Dios por algo una vez. ¡Sé persistente! No dejes de orar hasta que tengas la respuesta de Dios. Sigue buscando la Palabra de Dios. Es como si continuaras golpeando a una puerta; muy pronto, alguien vendrá a abrirla. Entonces, ¡sigue tocando hasta que se abra esa gran puerta!».

JESÚS EN MÍ

¿**C**uántas veces debemos orar antes de que se respondan nuestras oraciones? ¿Una vez? ¿Dos veces? ¿Tres veces? ¿Más? ¡Sé PERSISTENTE! ¡Nunca te rindas hasta que llegue la respuesta!

Oración
por el día de hoy

Señor, cuando sienta
la tentación de darme
por vencido, ayúdame
a orar una vez más.
¡Gracias porque
prometes responderme!

Jesús fue
sincero

Entremos directamente a la presencia
de Dios con corazón sincero.

HEBREOS 10:22

JESÚS EN LA BIBLIA

Jesús dijo que cuando oremos, debemos ser «sinceros». La gente sincera habla y actúa con sinceridad. ¡Sin fingir! Oran porque aman a Dios.

Hay quien ora para que otros lo vean y piensen que es buena gente. Pero Dios mira nuestros corazones. Él sabe por qué estamos orando. ¡Por eso Jesús nos enseñó a orar con corazones sinceros!

JESÚS EN MÍ

Cuando somos SINCEROS, decimos la verdad sobre nuestros sentimientos. Cuando hables, solo di las cosas que quieres decir en realidad. No le preguntes a alguien «¿Cómo estás?», a menos que quieras saberlo de veras. No hagas nada bueno porque los demás te están mirando, ¡hazlo porque sinceramente te importa! Y cuando ores, habla con Dios de corazón.

Oración
por el día de hoy

Señor, ayúdame a
tener un corazón
sincero cuando oro.
¡Permite que haga
cosas buenas para tu
gloria y no la mía!

Para ser como Jesús...

SERÉ SINCERO.

Jesús tuvo esperanza

Nuestra esperanza está puesta en el Dios viviente.

1 TIMOTEO 4:10

Jesús sabía lo que sucedería. La gente lo trataría mal y moriría en una cruz. Jesús estaba triste, pero no se rindió. ¿Por qué?

¡Tenía esperanza! La esperanza no es un deseo. La esperanza es creer que Dios siempre hará lo que dice. ¡Y Dios prometió resucitar a Jesús de la tumba! ¡Jesús tuvo esperanza porque Él le creyó a Dios!

Al igual que Jesús, ¡tenemos ESPERANZA! La esperanza no es un deseo que PUDIERA hacerse realidad. Encontramos esperanza cuando creemos en las promesas de Dios. Él prometió amarnos y velar por nosotros. Entonces, no importa lo que pase, ¡no pierdas la esperanza! Dios siempre hará lo que promete... ¡seguro!

Oración
por el día de hoy

Señor, tú eres mi esperanza. ¡Tú me bendecirás porque yo creo en tus promesas!

Para ser como Jesús...

TENDRÉ ESPERANZA.

Jesús fue
paciente

Si sufren por hacer el bien y lo soportan con
paciencia, Dios se agrada de ustedes.

1 PEDRO 2:20

JESÚS EN LA BIBLIA

¡Debes ser muy paciente para atrapar un pez! Jesús nos mostró cómo ser pacientes. Pasó tres años enteros enseñándole a la gente sobre el amor de Dios.

Él nunca tuvo prisa. Incluso oró por personas que hicieron cosas poco amables. Él sabía que estaban perdidas y necesitaban su amor. ¡Jesús estaba «pescando» personas que lo amarían a Él!

Tener «paciencia» es confiar en Dios lo suficiente como para esperar. Es como esto: Si alguien no es amable contigo, no le digas algo malo a esa persona. Espera a que Dios te dé palabras amables. ¡Dios se complace cuando mostramos paciencia!

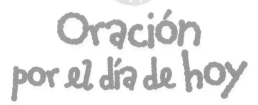

Oración
por el día de hoy

Señor, si me dicen cosas poco amables, ayúdame a ser PACIENTE. ¡Gracias porque sirvo a Jesús! Él también mostró paciencia en este mundo.

Para ser como Jesús...

SERÉ PACIENTE.

Jesús estaba
contento

He aprendido a estar contento con lo que tengo.

FILIPENSES 4:11

¡Dios es bueno! Siempre podemos encontrar algo para darle gracias. ¡Ese es el secreto de estar contento de verdad! Jesús estaba contento, pasara lo que pasara.

Él no tenía mucho dinero ni cosas. Él ni siquiera tenía un hogar. Aun así, Él estaba feliz de todos modos. Jesús nunca se enfocó en lo que no tenía. En su lugar, Él le daba gracias a Dios por lo que ÉL TENÍA.

Jesús nunca quiso más de lo que le daba Dios. Para ser como Jesús, debemos creer que Dios sabe lo que es mejor. Deberíamos pensar en todas las cosas buenas que Dios nos ha dado, no en lo que no tenemos. Cuando somos agradecidos, ¡aprendemos a estar CONTENTOS!

Oración
por el día de hoy

Señor, gracias porque
sabes lo que es mejor.
Ayúdame a pensar en
todas las cosas buenas
que me has dado.
Entonces, ¡estaré contento!

Para ser como Jesús...

ESTARÉ CONTENTO.

Jesús fue fiel

Bien hecho, mi buen siervo fiel.

MATEO 25:21

JESÚS EN LA BIBLIA

¡La fidelidad trae bendición! La Biblia nos dice que Jesús fue fiel. ¡Él nunca rompió una promesa!
En cierta ocasión, Jesús contó una historia sobre un siervo fiel.

«Cuida mi dinero hasta que regrese de mi viaje», le dijo su amo. ¡El siervo hizo justo eso! Cuando el amo regresó, él estaba feliz. «¡Bien hecho!», le dijo. «¡Vamos a celebrar!».

JESÚS EN MÍ

¡Jesús fue FIEL! Él siguió el plan de Dios, y Dios lo recompensó. ¡Tu fidelidad también se recompensará! Si eres fiel para hacer pequeños trabajos para mamá y papá, vendrán a tu camino cosas más grandes aún. ¡La fidelidad siempre trae bendición!

Oración
por el día de hoy

Señor, ayúdame a ser
fiel en las pequeñas
cosas. Entonces,
¡tú me confiarás
cosas mayores!

Para ser como Jesús...

SERÉ FIEL.

Jesús
oraba

[Jesús] se inclinó [...] mientras oraba: «¡Padre mío! Si es posible, que pase de mí esta copa de sufrimiento. Sin embargo, quiero que se haga tu voluntad, no la mía».

MATEO 26:39

Jesús a menudo se iba a orar solo. Él nos enseñó que la oración nos ayuda a entender los pensamientos de Dios, a fin de que podamos obedecer el plan de Dios.

Jesús sabía cuán dolorosa sería la cruz. Él oró, pidiéndole a su Padre otro camino. Pero Dios dijo que la cruz era su plan. Entonces, Jesús dijo que sí y obedeció. La oración cambia las cosas, ¡incluso para Jesús!

¡A Dios le encanta escuchar tus oraciones! Pero recuerda que Dios no es un genio en una botella que está ahí para concederte todos tus deseos. Él es Dios, y Él tiene un buen plan para tu vida. ¡Él quiere cambiarte para que seas como Jesús! Jesús ORABA y le preguntó a Dios qué quería que hiciera Él. ¡Esa debería ser nuestra oración también!

Oración
por el día de hoy

Señor, sé que la
oración cambia las
cosas. ¡Ayúdame a
saber lo que quieres
y cámbiame para que
yo desee hacerlo!

Para ser como Jesús...

ORARÉ.

Jesús fue amable

Sean amables unos con otros, sean de buen corazón, y perdónense unos a otros, tal como Dios los ha perdonado a ustedes por medio de Cristo.

EFESIOS 4:32

74

JESÚS EN LA BIBLIA

Jesús contó una historia sobre un hombre en un viaje. Los bandidos malvados le robaron y lo golpearon. Mientras estaba tirado junto al camino, ¡nadie se detenía para ayudarlo!

Entonces, vino un samaritano. Él mostró gran amabilidad. Le puso vendas en las heridas al hombre y lo llevó a una posada para que descansara. Jesús dijo que deberíamos ser amables, como el buen samaritano.

Para ser como Jesús, debemos mostrarnos amables con los demás, como lo hizo el buen samaritano. La amabilidad es ayudar a los demás sin pensar en obtener nada a cambio. Así que di para ti mismo: «La amabilidad comienza conmigo».

Oración
por el día de hoy

Señor, ¡ayúdame
a ser AMABLE con
alguien que necesita
un amigo!

Para ser como Jesús...

SERÉ AMABLE.

Jesús fue
misericordioso

Esperar la misericordia de nuestro Señor
Jesucristo, quien les dará vida eterna.

JUDAS 1:21

¡Estudio de la Biblia con Jesús! Jesús enseñaba y la multitud escuchaba. De repente, ¡el techo se empezó a caer! Un hombre en una camilla bajó por el agujero.

El hombre no podía caminar, pero sus amigos sabían que Jesús podría ayudar. Cuando Jesús lo vio, tuvo misericordia y lo sanó. «Ponte de pie», le dijo Jesús. ¡El hombre se levantó de un salto! La misericordia es ayudar a quienes no pueden ayudarse a sí mismos.

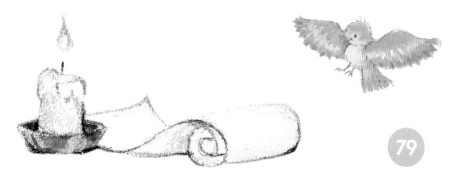

¡**P**UMBA! Oh, cielos. ¡Un pájaro voló a la ventana! El pajarito estaba allí tirado. Lo levantamos y lo colocamos con suavidad en una caja de zapatos. Pronto mejoró y se fue volando. ¡La MISERICORDIA es ayudar a los que no pueden ayudarse a sí mismos!

Oración
por el día de hoy

Señor, quiero ser
misericordioso con los
demás. ¡Muéstrame
cómo ayudarlos
siempre que pueda!

Para ser como Jesús...

SERÉ MISERICORDIOSO.

Jesús
soportó

Debido al gozo que le esperaba, Jesús soportó la cruz.

HEBREOS 12:2

JESÚS EN LA BIBLIA

Dios creó a las primeras personas, Adán y Eva, para que vivieran para siempre. Entonces, desobedecieron a Dios, y luego todo comenzó a morir. ¿Qué podría hacer Adán? ¡Nada!

Sin embargo, ¡Dios sí! Él envió a Jesús para que soportara la cruz. «Soportar» significa seguir adelante, aun cuando te gustaría darte por vencido. La cruz fue dolorosa. Aun así, ¡Jesús no se rindió hasta que hizo la tarea de Dios!

JESÚS EN MÍ

Jesús dio su vida para arreglar el problema de la muerte. Ahora podemos vivir para siempre, ¡tal como lo planeó Dios! Pero primero debemos acercarnos a Jesús y pedirle que perdone nuestros pecados. Entonces, seguimos confiando en Él a través de los tiempos buenos y los malos. Soportamos y crecemos fuertes, ¡al igual que lo hizo Jesús! ¡Su amor nos mantiene en marcha!

Oración
por el día de hoy

Señor, cuando las cosas
se pongan difíciles,
ayúdame a no rendirme.
Ayúdame a SOPORTAR,
¡como lo hiciste tú!

Para ser como Jesús...

SOPORTARÉ.

Jesús tuvo
compasión

Movido a compasión, Jesús extendió la mano y lo tocó.
—Sí quiero —dijo—. ¡Queda sano!

MARCOS 1:41

¿De qué tamaño es tu corazón? Se necesita un gran corazón para que nos muestre lo que significa esta gran palabra: «compasión». Jesús le mostró compasión a un hombre que estaba enfermo de lepra.

«¡Ayúdame!», le suplicó el hombre. ¡Jesús dejó lo que estaba haciendo, extendió la mano y lo sanó! Jesús no quería que el hombre estuviera enfermo. ¡Su gran corazón estaba lleno de compasión!

JESÚS EN MÍ

¡**F**LAAASH! El relámpago brilló y la lluvia caía. Papá detuvo el auto. ¡Un cachorrito temblaba sentado al borde de la carretera! Recibimos al cachorro con una toalla y muchos abrazos. La COMPASIÓN generosa se extiende para ayudar a los necesitados, ¡incluso a los lindos cachorros!

Oración
por el día de hoy

Señor, ayúdame a
mostrar compasión al
detenerme y escuchar
a las personas que
necesitan ayuda.

Para ser como Jesús...

TENDRÉ COMPASIÓN.

Jesús trabajó
mucho

Jesús respondió: «Mi Padre siempre trabaja,
y yo también».

JUAN 5:17

JESÚS EN LA BIBLIA

Jesús siempre estuvo trabajando, ¡incluso de niño! Un día, los padres de Jesús no podían encontrarlo. Lo buscaban por todas partes. ¿Dónde estaba Él? ¡En el trabajo de la iglesia!

Jesús tenía un trabajo que hacer. Su lugar de trabajo era el planeta Tierra. Viajó a muchos lugares y le enseñó a la gente sobre el Reino de Dios. ¡Jesús trabajó muchísimo para mostrarnos el amor salvador de Dios!

JESÚS EN MÍ

Un día, tú también tendrás un trabajo. Trabajarás para ganar el dinero que necesitarás para vivir. Sin embargo, ¿sabías que hay otro tipo de trabajo? Estudiar la Palabra de Dios, cantar en el coro de la iglesia, contarles a tus amigos acerca de Jesús... ¡eso es trabajo para el Señor!

Oración
por el día de hoy

Señor, no quiero ser
haragán. ¡Ayúdame
a TRABAJAR
MUCHO POR TI!

Para ser como Jesús...

TRABAJARÉ MUCHO.

Jesús fue
generoso

Den, y recibirán. Lo que den a otros les será devuelto
por completo: apretado, sacudido para que haya lugar
para más, desbordante y derramado sobre el regazo.

LUCAS 6:38

¿Qué significa ser «generoso»? Jesús veía a las personas que daban sus ofrendas en la iglesia. Muchas personas ricas dieron una gran cantidad de dinero. Aun así, ¡podrían haber dado más! Entonces, una mujer solo dio dos monedas.

En cambio, ella no era rica como los otros. Jesús les dijo a sus ayudantes: «Esta mujer dio MÁS que los ricos. ¡Ella dio todo el dinero que tenía!».

¿Qué es lo que más le importa a Dios? ¿Es la cantidad de dinero que damos? ¿O es la cantidad de amor que le damos a Él? Jesús quiere que seamos GENEROSOS por muy buenas razones. ¡Demos porque lo amamos!

Oración
por el día de hoy

Señor, gracias porque
Jesús dio su vida por mí.
¡Ayúdame a dar
con generosidad,
como Jesús!

Para ser como Jesús...

SERÉ GENEROSO.

Jesús fue leal

Nadie puede servir a dos amos. Pues [...]
será leal a uno y despreciará al otro. No
se puede servir a Dios y al dinero.

LUCAS 16:13

¡Hora de decidir! Jesús nos dijo que hay dos amos. Pero solo podemos dedicarnos a UNO. El primero es Dios. Él es el Buen Maestro que quiere nuestra lealtad completa.

Eso significa que le damos nuestro tiempo, dinero y talentos. El segundo amo es el dinero. El dinero compra cosas. Aun así, no puede comprar a Dios. Jesús hizo SU elección. ¡Sirvió a Dios!

¿A qué te dedicas? Usa tu tiempo buscándolo, tu talento compartiéndolo y tu tesoro a su servicio. Dios quiere que nos dediquemos a SU servicio. Eso es lealtad: ¡darlo todo por Dios!

Oración
por el día de hoy

Señor, ayúdame a buscarte con todo mi corazón. ¡Quiero ser siempre LEAL contigo!

Para ser como Jesús...

SERÉ LEAL A DIOS.

Jesús fue alentador

No dejen que el corazón se les llene de angustia;
confíen en Dios y confíen también en mí.

JUAN 14:1

¡No podría ser cierto! Mientras cenaba con sus ayudantes, Jesús les dijo que se iba a ir. Pedro quería ir con Jesús. Estaba triste cuando Jesús dijo: «Todavía no».

Pero luego Jesús los alentó a todos. «No se angustien», dijo. «Me voy a preparar un lugar para ustedes. Cuando todo esté listo, ¡volveré para llevarlos!».

A veces la vida puede ser desalentadora. Tal vez tu amigo pateó mal la pelota de fútbol, y el juego se perdió. Es cierto, fue un gran error. Sin embargo, ¡en ese momento es cuando necesitas usar palabras ALENTADORAS! Di: «¡Lo harás mejor la próxima vez!».

Oración
por el día de hoy

Señor, ayúdame a
fortalecer a otros con
palabras alentadoras.

Para ser como Jesús...

SERÉ ALENTADOR.

Jesús fue
sensible

«Si tan solo tocara su túnica, quedaré sana».
Al instante [...] ella pudo sentir en su cuerpo que
había sido sanada de su terrible condición.

MARCOS 5:28-29

¡Esta pobre mujer había estado enferma durante doce largos años! Ningún médico podría ayudarla. «¡Voy a ver a Jesús!», dijo. Había una gran multitud alrededor de Él.

Ella vino por detrás de Jesús y tocó su ropa. «¿Quién me tocó?», preguntó Jesús. ¡No la vio! Aun así, Él sabía que ella se había sanado. ¡Él fue sensible a su necesidad!

JESÚS EN MÍ

Cuando ven una necesidad, las personas sensibles están listas para ayudar a los demás. Como cuando tu amiga tiene una mirada triste en su cara. O cuando alguien en tu familia está llorando. Dándole un abrazo, le dices: «Te quiero. ¿Puedo ayudar?». No esperes a que alguien te pida ayuda... sé SENSIBLE, ¡como Jesús!

Oración
por el día de hoy

Señor, ayúdame a
ser sensible ante las
necesidades de otros.

Para ser como Jesús...

SERÉ SENSIBLE.

Jesús fue
obediente

Jesús volvió con sus padres a Nazaret,
y los obedecía en todo.

LUCAS 2:51, TLA

Cuando Jesús era niño, fue con sus padres a Jerusalén para una gran celebración llamada la Pascua. Después, María y José emprendieron el regreso a casa.

¡Pero no podían encontrar a Jesús! Entonces, corrieron a la ciudad. ¡Encontraron a Jesús en la iglesia aprendiendo acerca de Dios! Cuando regresaron a casa, Jesús obedecía a sus padres. Al obedecer a sus padres, ¡Jesús obedecía a Dios!

JESÚS EN MÍ

Si vives en una calle de mucho tránsito, tus padres quizá tengan esta regla: ¡Aléjate de la calle! Esa regla te mantiene a salvo. Dice «¡Te amo!». Las reglas de Dios son así también. Sus reglas dicen «¡Te amo!». Cuando somos OBEDIENTES a Dios y a nuestros padres, decimos: «¡Yo también te amo!».

Oración
por el día de hoy

Señor, cuando sienta la
tentación de desobedecer,
¡ayúdame a recordar
que obedecer las reglas
me mantiene a salvo!

Para ser como Jesús...

SERÉ OBEDIENTE.

Jesús
tuvo paz

Les dejo un regalo: paz en la mente y en el corazón. Y la paz que yo doy es un regalo que el mundo no puede dar. Así que no se angustien ni tengan miedo.

JUAN 14:27

JESÚS EN LA BIBLIA

A Jesús le llaman el «Príncipe de paz». La paz no es la ausencia de problemas. ¡La paz es la presencia de Jesús! Cuando Jesús es el Señor de nuestras vidas, nuestros pecados son perdonados.

Entonces, tenemos paz con Dios. ¡Solo Jesús puede darnos eso! Con Jesús, podemos «dormir en paz celestial», incluso cuando hay problemas en el mundo que nos rodea.

«Dios bendice a los que procuran la paz», dijo Jesús. Entonces, para tener PAZ, debes tener a Jesús en tu vida. La paz no se puede encontrar en el mundo que nos rodea. Solo se encuentra en Jesús. Él calma nuestros corazones y nos permite dormir en paz celestial.

Oración
por el día de hoy

Señor, ¡gracias por perdonar mis pecados y darme la verdadera paz!

Para ser como Jesús...

TENDRÉ PAZ.

Jesús fue
bueno

Dejen que sus buenas acciones brillen a la vista de todos, para que todos alaben a su Padre celestial.

MATEO 5:16

Jesús nos dijo que es importante ser bueno. ¿Por qué? ¡Para que todos puedan conocer el amor de Dios y alabarlo! Jesús siempre hizo lo bueno. ¡Él era muuuuuy bueno!

¡Jesús era bueno con los débiles y bueno con los fuertes! Fue bueno con los ricos y fue bueno con los pobres. ¡Sus buenas acciones brillaban como luces en una habitación oscura!

Las cosas buenas son cosas de «Dios», ¡como compartir y cuidar! Los niños buenos son amables. ¡Dicen la verdad, cumplen una promesa y hacen las cosas que haría Jesús! Si eres un buen chico, harás nuevos amigos. Entonces, ¡puedes hablarles acerca del amor de Dios!

Oración
por el día de hoy

Señor, enséñame a dejar
que mi luz brille. Quiero
hacer lo bueno, en el
momento apropiado,
por la razón adecuada.
¡Quiero ser bueno!

Para ser como Jesús...

SERÉ BUENO.

Jesús estuvo gozoso

Jesús se llenó del gozo del Espíritu Santo.

LUCAS 10:21

¡Gozo! Es una bendición que proviene de Dios. Jesús estaba lleno de gozo celestial. Nunca dejó que nadie, ni nada, le quitara este regalo especial. ¡Ni siquiera sabiendo que moriría en la cruz!

Jesús nunca confundió el «gozo» con la «alegría». La alegría depende de las cosas que te rodean. ¡El gozo depende de las cosas DENTRO de ti! ¡Obedecer a Dios fue el mayor gozo de Jesús!

JESÚS EN MÍ

Habrá momentos en los que no estés
contento. Solo recuerda:
la alegría depende de lo que
sucede a tu alrededor. El gozo,
en cambio, proviene de Dios.
Así que pase lo que pase,
¡deja que el gozo del Señor
sea tu fortaleza!

Oración
por el día de hoy

Señor, sé que el gozo
es un regalo tuyo.
Ayúdame a tener
GOZO, ¡incluso cuando
sucedan cosas malas!

Para ser como Jesús...

ESTARÉ GOZOSO.

Jesús fue manso

Jesús le dijo:
—Guarda tu espada.

MATEO 26:52, TLA

¡Jesús era fuerte! Él tenía el gran poder de Dios. Cuando Jesús fue a la cruz, mostró «mansedumbre». La mansedumbre no es debilidad. Tiene poder, pero usándola con sabiduría.

¡Jesús pudo haberle pedido a Dios que enviara ángeles para rescatarlo! En cambio, Él eligió morir. Mostró mansedumbre y ganó una gran victoria en esa cruz. ¡Él perdonó nuestros pecados!

Solo a dos personas se les llama «MANSOS» en la Biblia: Moisés y Jesús. ¡Ambos fueron hombres fuertes y poderosos! Sin embargo, a pesar de eso, escuchaban a Dios. Aun cuando obedecerle era difícil algunas veces. La mansedumbre no es debilidad. ¡Es fuerza bajo control!

Oración
por el día de hoy

Señor, si soy más rápido
o mejor en algo que
mis amigos, ayúdame a
mostrar mansedumbre.
¡Puedo disminuir la
velocidad y ayudarlos!

Para ser como Jesús...

SERÉ MANSO.

Jesús fue ayudador

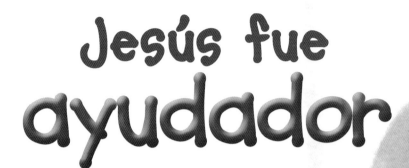

El Señor es quien me ayuda.

HEBREOS 13:6

¡Treinta y ocho años! Ese es el tiempo que estuvo enfermo un hombre. Estaba acostado junto a un estanque de agua cuando Jesús vino. Jesús le preguntó: «¿Quieres ponerte bien?».

«No puedo», le dijo el hombre. «¡No tengo a nadie que me ayude!». Entonces, Jesús ayudó al hombre como nadie más podría hacerlo. ¡Él lo sanó! ¡El hombre se fue contento!

JESÚS EN MÍ

Ser AYUDADOR era una forma de vida para Jesús. Y también quiere que nosotros seamos buenos ayudadores. ¿Qué podemos hacer para ayudar a otros? Mantente alerta: preocúpate siempre por los demás y comparte siempre. Cuando veas a alguien que necesita ayuda, ¡sé como Jesús!

Oración
por el día de hoy

Señor, ayúdame a
estar al tanto cuando
otros necesitan ayuda.
¡Permite que siempre me
preocupe por los demás
y siempre comparta!

Para ser como Jesús...

SERÉ AYUDADOR.

Jesús decía la verdad

[Jesús dijo:] «Yo nací y vine al mundo para dar testimonio de la verdad».

JUAN 18:37

A Jesús lo arrestaron. Un juez le preguntó: «¿Eres un rey?». Jesús respondió: «¡Yo soy el Rey del cielo! Vine para decirle a la gente la verdad».

«¿Qué es la verdad?», le preguntó el juez. ¡JESÚS! Su Palabra es la verdad. Amarlo es la única manera de llegar al cielo. ¡Jesús dio su vida en la cruz por ti y por mí!

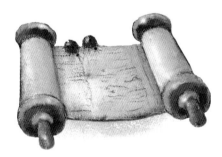

La Biblia dice que Jesús es el camino, la VERDAD y la vida. Siempre debemos decir la verdad. Jesús lo hizo, ¡aun cuando le costó la vida! La verdad no depende de dónde estemos ni de con quién estemos hablando. Para ser como Jesús, decimos la verdad, ¡y lo hacemos con un corazón amoroso! ¿Qué es la verdad? ¡Jesús es la verdad!

Oración
por el día de hoy

Señor, ayúdame a decir
siempre la verdad.
Gracias porque Jesús
siempre lo hizo. ¡Gracias
porque Él ES la verdad!

Para ser como Jesús...

DIRÉ LA VERDAD.

Jesús fue tierno

Dejen que los niños vengan a mí. ¡No los detengan! Pues el reino de Dios pertenece a los que son como estos niños.

MARCOS 10:14

Jesús era fuerte, ¡como un león! Él expulsó a los que cambiaban dinero en la iglesia de Dios. Aun así, también fue tierno, como un cordero.

Cuando sus ayudantes no dejaban que las mamás y los papás le llevaran sus hijos a Él, ¡Jesús se ponía triste! «Déjenlos venir», les decía. «¡Los niños también necesitan mi amor!». La ternura es un toque suave y una palabra agradable.

JESÚS EN MÍ

¿Alguna vez has pasado tiempo con un bebé? Si es así, un adulto puede haberle dicho: «¡Sé TIERNO con el bebé!». Jesús fue tierno con los niños. Ser tierno no significa que seas débil. Significa que eliges usar un toque suave con quienes son más débiles que tú.

Oración
por el día de hoy

**Señor, ayúdame a
ser tierno con los
que son débiles.**

Para ser como Jesús...

SERÉ TIERNO.

Jesús tuvo un
corazón puro

Dios bendice a los que tienen corazón
puro, porque ellos verán a Dios.

MATEO 5:8

Un día, en la ladera de una montaña, Jesús enseñó algo importante: ¡Las personas que tienen corazones puros encuentran el favor de Dios! ¡Sus corazones están resplandecientes porque Jesús hizo la limpieza!

Él lavó sus pecados cuando murió en la cruz. Los que tienen corazones puros aman a Dios y quieren vivir solo para Él. ¡Están listos para ver a Dios!

JESÚS EN MÍ

Para que el agua sea limpia y pura, no debe tener nada malo. Y si queremos ser limpios y puros ante Dios, no debemos tener ningún pecado en nosotros. ¿Pero de qué manera? Cuando le pedimos a Jesús que nos perdone, ¡Él lava nuestros pecados y nos prepara para ver a Dios! ¿Estás tú listo?

Oración por el día de hoy

Señor, tú solo puedes perdonarme y hacer que mi corazón esté limpio. Entonces, tendré un CORAZÓN PURO, ¡como Jesús!

Para ser como Jesús...

TENDRÉ UN CORAZÓN PURO.

Jesús tenía
confianza

Busquen el reino de Dios por encima de todo lo demás y lleven una vida justa, y él les dará todo lo que necesiten.

MATEO 6:33

«¡No te preocupes!». Eso es lo que dices cuando tienes confianza. ¡Jesús nos mostró cómo vivir confiados al señalar a nuestros amigos que tienen plumas!

«Miren a los pájaros», dijo. «No se preocupan por lo que comerán, ¡porque Dios los alimenta!». Así que convierte tus preocupaciones en confianza. ¡Puedes confiar en que Dios cuidará de TI también!

Hay mucha gente preocupada. ¡Pero nadie ha visto a un pájaro preocupado! ¡Eso es porque Dios los cuida! ¿Quieres estar CONFIADO? Llega a conocer a Dios: cuéntale sobre lo que te hace feliz y lo que te hace sentir triste. Entonces, confía en que Él te va a ayudar. Conoce a Dios, ¡no te preocupes!

Oración
por el día de hoy

Señor, a medida que crezco, ayúdame a confiar en ti para que tengas en cuenta mis necesidades. ¡Entonces tendré verdadera confianza!

Para ser como Jesús...

TENDRÉ CONFIANZA.

Jesús fue
amigable

Ustedes ahora son mis amigos, porque les he contado todo lo que el Padre me dijo.

JUAN 15:15

¡Un amigo de verdad! Una y otra vez, Jesús fue amigable con los demás. Hablaba con extraños y se les acercaba a personas que estaban enfermas o necesitadas.

Jesús incluso le pidió a Dios que perdonara a los soldados romanos cuando lo trataban tan mal. ¡Qué amigo tenemos en Jesús! Él es tu mejor amigo en la tierra, ¡y en el cielo!

JESÚS EN MÍ

Jesús nos ama a todos. Nosotros deberíamos hacer lo mismo. Un espíritu amigable solo fluye de las personas que aman a Dios. ¡Las personas se acercan a nosotros cuando somos AMIGABLES, y así les podemos hablar sobre el amor de Dios!

Oración
por el día de hoy

Señor, ayúdame a ser una persona amigable, a fin de que pueda hablarles a otros acerca de tu amor.

Para ser como Jesús...

SERÉ AMIGABLE.

Jesús fue perdonador

Pedro [...] preguntó:
—Señor, ¿cuántas veces debo perdonar a alguien que peca contra mí? ¿Siete veces?
—No siete veces —respondió Jesús—, sino setenta veces siete.

MATEO 18:21-22

154

Pedro se le acercó a Jesús y le preguntó: «Si una persona sigue haciendo cosas malas, ¿debería perdonarla 7 veces?». Eso parece justo, ¿no? Jesús sorprendió a Pedro con su respuesta:

«¡Más que eso! Toma el número 70. ¡Ahora multiplícalo por 7 veces!». ¡Oh, cielos, eso es 490 veces! Jesús le decía a Pedro que su perdón no debía tener límites.

JESÚS EN MÍ

¡Jesús nos dice que nuestro perdón no debería tener límites! Cuando es difícil perdonar a alguien por hacer cosas malas, solo recuerda: Jesús hacía lo que les enseñaba a otros que hicieran. ¡Hasta dio su propia vida en la cruz para que NOSOTROS pudiéramos ser perdonados! ¡Sin límites!

Oración
por el día de hoy

Señor, ayúdame para
que aprenda a ser
como tú amando y
PERDONANDO
sin límites.

Para ser como Jesús...

SERÉ PERDONADOR.

Jesús fue respetuoso

[Ella] le dijo a Jesús:
—Usted es judío, y yo soy una
mujer samaritana. ¿Por qué me
pide agua para beber?

JUAN 4:9

«**R**espeto». ¿Qué significa? Un día, Jesús se detuvo para tomar un poco de agua. Allí conoció a una mujer de Samaria. Jesús vivía en Judea, no en Samaria.

¡La mayoría de los hombres de Judea ni siquiera HABLARÍA con una samaritana! Sin embargo, Jesús era educado. Él la trató con amabilidad y respeto. «¡Yo soy el Salvador!», le dijo. ¡Ella creyó y les contó a otros acerca de Jesús!

159

El mundo está lleno de todo tipo de personas. El color de su piel puede ser diferente al tuyo. Pueden hablar otros idiomas. Pero Jesús nos enseñó a ser RESPETUOSOS con todos. ¿Por qué? ¡Porque Dios creó a cada persona, y Él las ama a todas! ¿No deberíamos amarlas también?

Oración
por el día de hoy

Señor, sé que
no me gustarían
algunas personas
más que otras solo por
su aspecto. Ayúdame
a respetar a todos
los que conozco, tal
como lo hizo Jesús.

Para ser como Jesús...

SERÉ RESPETUOSO.

Jesús fue decidido

Jesús subió a un monte a orar y oró a Dios toda la noche. Al amanecer, llamó a todos sus discípulos y escogió a doce de ellos para que fueran apóstoles.

LUCAS 6:12-13

JESÚS EN LA BIBLIA

Decisiones. ¡Jesús siempre tomó buenas decisiones! Un día, en un monte, eligió a doce hombres para que lo ayudaran a anunciar las Buenas Nuevas sobre el Reino de Dios. ¿Cómo supo Jesús qué hombres elegir?

¡Él oró a su Padre, a Dios, en el cielo! Jesús oraba antes de tomar decisiones, grandes o pequeñas. ¡Llamaba a Aquel que siempre sabe lo que se debe hacer!

JESÚS EN MÍ

«¡Buena decisión!». ¡Los árbitros deportivos tienen que tomar decisiones en una fracción de segundo! Eso se llama ser DECIDIDO. Tú debes tomar decisiones todos los días también. Algunas son más importantes que otras. Dios sabe lo que está por venir. ¡Pasar tiempo con Él te ayudará a tomar buenas decisiones!

Oración
por el día de hoy

Señor, quiero ser decidido. Ayúdame a pedirte ayuda con cada decisión.

Para ser como Jesús...

SERÉ DECIDIDO.

Jesús fue
sabio

[Jesús dijo:] «Todo el que escucha mi enseñanza
y la sigue es sabio, como la persona que construye
su casa sobre una roca sólida».

MATEO 7:24

Jesús contó esta historia: Una persona construyó una casa sobre la arena. Otra construyó una casa encima de la roca sólida. Salió el sol, ¡y todo estuvo bien!

Pero luego vinieron las nubes. ¡Llovió y llovió! La casa construida sobre la arena se destruyó. ¡Adiós, adiós! En cambio, la casa construida sobre la roca sólida se mantuvo firme. ¡Viva! ¿Cuál persona fue sabia?

Las dos casas eran iguales, excepto por una cosa: ¡el cimiento! ¿Qué cimiento fue débil? ¡La arena! ¿Cuál fue fuerte? ¡La roca! Si prestas atención a las lecciones de la Biblia que enseñó Jesús, eres SABIO. Decide construir tu vida sobre el buen cimiento: la roca sólida. ¡Cualquier otra cosa se hunde en la arena!

Oración
por el día de hoy

Señor, ayúdame a ser
sabio y obedecer lo
que nos enseñaste en
la Biblia. ¡Yo quiero
ser como Jesús!

Para ser como Jesús...

SERÉ SABIO.

✓ Para ser como Jesús...